AF497916

DEFENSE

DE LA VERITE'

CONTRE

LA FAVSSETE'

& l'Imposture.

A MONSEIGNEVR
l'Eminentissime Cardinal
DVC DE RICHELIEV.

Par IEAN BAPTISTE MORIN, Docteur en Medecine, & Professeur du Roy aux Mathematiques à Paris.

A PARIS,

Chez IEAN LIBERT, ruë S. Iean de Latran:
Et chez l'Autheur, au fauxbourg S. Marcel, au
Griffon d'or, pres les Peres de la Doctrine
Chrestienne. 1636.

A MONSEIGNEVR

l'Eminentiſſime Cardinal
DVC DE RICHELIEV.

MONSEIGNEVR,

Puis que mes ennemis ne pouuans rien contre moy par les
voyes de la Raiſon, ont leur refuge aux
fauſſetez, impoſtures & calomnies; pour me
mettre mal en l'Eſprit de voſtre E : I'ay mon
refuge à la lumiere de Voſtre Iugement tres-
ſublime, pour recognoiſtre leur malice, & à
Voſtre equité pour eſtre preſerué de leur deſſein, qui ne tend qu'à me perdre. Mon hiſtoi-
re eſt autant digne de compaſſion, que cette
reſponſe que ie fay à leur dernier eſcrit, eſt
digne de voſtre attention: s'agiſſant principalement d'vn affaire le plus celebre qui ſoit

A ij

iamais arriué dans les lettres , & qui eſt
pendant pardeuant voſtre E. laquelle y a vn
particulier intereſt. Quelque longue & fu-
rieuſe perſecution que ie ſouffre, ie demeu-
reray touſiours ferme, dans la premiere con-
fiance que i'ay eu à voſtre Iuſtice , pour mon
inuention des Longitudes : Et quelque artifice que mes ennemis employent pres de Vous,
pour en obſcurcir le merite, & me ruiner,
ſi ay-ie bonne eſperance que le tout reüſſira
à leur confuſion, s'il plaiſt à V.E. ſe faire
entretenir ſur le diſcours ſuiuant. C'eſt de
quoy ie ſupplie tres-humblement V.E. &
ie continueray mes prieres & mes vœux à
DIEV pour ſa ſanté & felicité, & pour
l'accompliſſement de tous ſes bons deſirs,
auec autant de deuotion, que ie ſuis,

MONSEIGNEVR,

Voſtre tres-humble, tres-obeïſſant,
& tres - affectionné ſeruiteur,
I. B. MORIN.

LA DEFENSE DE LA VERITE'

CONTRE

la Fausseté & l'Imposture.

SI nous voulions faire vne reueuë generale sur les effects de la Diuine Prouidence, touchant la dispensation des veritez naturelles ou surnaturelles, qui sont toutes sœurs & filles legitimes d'vn mesme Pere qui est DIEV: Nous trouuerions que la commission n'a esté donnée à qui que ce soit de publier les plus eminentes, qu'à condition de porter courageusement & patiemment des croix, des trauerses & des indignitez: Ie ne peux mettre à la teste de ce discours vn exemple plus digne d'admiration & d'adoratió, que le Fils mesme de DIEV; lequel estant descendu du Ciel en Terre pour se faire homme, & nous enseigner non seulement des veritez naturelles incognuës à tous les anciens Philosophes, mais des surnaturelles, où l'esprit humain ne pouuoit arriuer de soy: Et les ayant demonstrées tant par la theorie de son infinie Sapience, que par la pratique de ses vertus & de ses miracles; fut neantmoins traitté le plus indignement, cruellement, & honteusement que fut, ny que sera iamais le plus vil & le plus scelerat homme du monde.

Pour donner exemple & courage à ceux ausquels
il laissa la dispensation de sa doctrine, de se resoudre
à vn semblable traittement : Voire à tous ceux qui
par luy sont destinez, à enseigner au monde quelque
nouuelle & importante Verité purement naturelle.
Ie pourrois apporter quantité d'exemples sur ce
sujet, tant des Philosophes, Theologiens, Medecins qu'autres facultez : mais me voulant renfermer
dans la verité mathematique, ie diray seulement.

Que Tycho Brahé seigneur Danois de tres-illustre maison, ayant esté donné aux hommes pour de-
liurer leur Esprit de plusieurs grandes erreurs, touchant la nature, disposition, & mouuement des
corps celestes (dont la verité est bien plus vtile aux
hômes & plus glorieuse à D i e v que la fausseté :) Et
luy de l'instinct qui le poussoit s'estant par son iudicieux Esprit, & ses memorables obseruations gene-
reusement eslancé au dessus des opinions commu-
nes ; faisant voir par demonstrations mathematiques, que les Cometes s'engendroient au dessus la
sphere du Soleil : Que depuis la Terre iusques au
Ciel des estoilles fixes, il n'y a rien de solide que les
corps des sept Planetes, qui se meuuent dans l'E-
ther comme les oyseaux dans l'Air : Veritez neantmoins qui chocquoient autant de faussetez contrai-
res soustenues par Aristote & l'Eschole Peripateti-
que : Il se trouua vn Medecin Escossois, qui nonobstant son ignorance en l'Astronomie & la Physique,
entreprit d'escrire sur ce subjet contre Tycho, & le
traitter auec tant d'inciuilité, de mespris & de brocards ; que lisant l'Epistre de Tycho à Rothman
Mathematicien du tres-illustre Prince & Astrono-
me Maurice Lantgraue de Hesse, depuis la page

286. iufques à la page 304. on ne peut qu'eftre viuement touché de compaffion & d'eftonnement, de
voir vn homme de telle condition, merite & capacité fe plaindre à Rothman, & luy expofer en vne
fi longue eftenduë de pages, l'indigne traittement
qu'il auoit receu de cet Efcoffois. Ie voudrois pour
beaucoup qu'il n'en euft point fupprimé le nom :
car ie croy pour certain qu'Hume auffi Efcoffois de
nation eft de fa race. Veu que Tycho dit que fon
Efcoffois vouloit faire à croire qu'il eftoit gentilhomme, & Hume en fait de mefme fe qualifiant
Efcuyer, quoy qu'il aille gagnant fa vie de porte en
porte à enfeigner les Mathematiques & l'Hebreu
à qui il peut, & comme il les fçait. De plus l'Efcoffois de Tycho l'a traitté tout du mefme air qu'Hume me traitte, & en l'vn & l'autre paroift la mefme
efpece de manie & folie, qui eft vne maladie here-
ditaire comme fçauent tous les Medecins.

Car pour d'vne fi longue Epiftre faire voir quelques efchantillons, Tycho page 287 fe plaint ainfi.
*Tandem verò rupto alto filentio fcriptum quoddam An-
tilogeticum paulò virulentiore & mordaciore (vti vi-
detur) animo, quàm prius per litteras egerat, in nos vi-
brauit : in quo fcommatis, ditteriis, cauillis, diftractio-
nibus & peruerfionibus multifariam ludit & illudit,
vt veritatem à nobis affertam eludat : Nec tam fcoticè
quàm fcopticè agit.* Et peu apres : *At qui tam in-
grato & auerfo animo, tamque petulanti lingua me
meaque laceffferet, hactenus fenfi neminem.* Qui eft tout
de mefme ieu d'Hume en mon endroit, comme fe
verra tres-euidemment en la fuitte de ce difcours.

Page 294. l'Efcoffois fans fçauoir ny la forme des
inftrumens de Tycho, ny fes methodes d'obferuer,

s'estant neantmoins long temps questionné luy-
mesme, & refuté à chaque question, comme s'il eust
refuté Tycho ; c'est à dire, *Tychonis doctrinam sibi
penitus ignotam Andabatarum more oppugnans,* comme faisoit Hume en la page 9. de mon liure. Tycho
dit, *sic bonus ille vir de meis instrumentis & obserua-
tionibus sibi imperspectis censuram ridiculam profert.*

Page 302. l'Escossois apres auoir baffoüé Tycho
tout du long de son Antilogeticon, conclud ainsi
parlant à Tycho sur le sujet des Cometes : *Hæc
veritatis & amicitiæ causâ contra fumositates tuas ex-
arare libuit.* Tout de mesme qu'Hume ayant mis en
lumiere ses freneses contre mon honneur, dit qu'il
n'en veut qu'à mes escrits, & me fait rechercher d'a-
mitié. Or ie demande si seulement de ce que dessus
on ne tirera pas vne probable conjecture que si l'Escossois de Tycho & Hume ne sont vne mesme personne, pour le moins ils sont le pere & le fils.

Ie pourrois continuer plus longuement ces para-
lelles, dont la consideration m'est vne consolation,
voyant que tous les grands hommes qui ont paru au
monde, ont passé par ces picques : Il est vray que ie
ne suis ny Tycho, ny Copernic, ny Ptoloméc. Mais
dans la page 215. de mon liure des Longitudes, j'ay
dit hardiment, & le dis encore, qu'aucun d'eux, ny
de tous les Anciens n'a sceu au vray vn seul des sept
principaux fondemens de l'Astronomie que ie rap-
porte ; & que ie les sçay tous en perfection, comme
il est aisé à conjecturer par ceux que j'ay liberalement donné au public : sur quoy ny Hume, ny tous
mes ennemis n'ont osé me reprendre en leur nouuelle inuective ; voyans principalement qu'en la page 234. ie renonce si franchement à toute preten-

tion de recompense, au cas que ie ne les donne tous
en la perfection necessaire à l'Astronomie, moyennant qu'on m'asseure ma recompense.

Or à l'entrée de la responce que j'ay à faire, sur
ce qu'Hume a nouuellement fait imprimer contre
moy & mes ouurages, dans son Traitté de la Sphere
de Copernic & Ptolomée; où par son inuention ridicule de pendre la Terre à vn crochet, il a creu
d'exceller l'esprit & l'inuention du grand Copernic: Ie supplie tres-humblement son Eminence de
considerer que tout ce qu'Hume a iusques icy ma-
chiné contre mon honneur & mes escrits, n'a esté
à autre fin, que pour se faire connoistre à son E. &
estre de sa maison. Ce que ie prouue par deux pie-
ces authentiques : dont l'vne est la lettre escrite
de sa main à vne personne d'honneur de la maison
de son E. ; où entre autres choses il y a ces mots, que
ie n'ay voulu en rien changer, de peur d'alterer la
Rethorique d'Hume, & faire mieux reconnoistre
son stile.

Monsieur,

*I'auois donné à Monsieur l'Aumosnier de Monseigneur
vne partie de mes propositions pour les Longituds pour
vous les donner pour les faire voire à Monseigneur, ie
vous enuoye asteur l'affiché de Monsieur de Monsieur Morine sur lequel i'ay commenté comme vous voyez.* (C'est
ce commentaire dont ie parle en la page 9. de mon
liure des Longitudes, qui commence ainsi , *Partu-
rient montes, nascetur ridiculus mus, &c.*) *Ie souhait-
terois bien que Monseigneur le vist auec le commentaire
si cela estoit digne de ses yeux. Il nous baille vrayement
vne belle finesse pour trouuer les Longituds, &c.* expo-
sant en suite ce qu'il s'estoit imaginé estre mon se-

eret, dont nous parlerons cy apres. Et vers la fin de la lettre : *Monsieur, depuis que i'ay perdu esperance de pouuoir estre de la maison de Monseigneur, Ie vous supplie Monsieur pour aucune seruice que ie puisse iamais estre capeable de vous rendre, de faire de vostre costé pour moy apres de Monseigneur, &c.* Cette lettre est dattée du 3. de Mars 1634. & mon action de l'Arsenac fut le 30. de Mars.

L'autre piece est le propre traitté de la Sphere composé par Hume pag. 96. où confirmant que par la lettre cy dessus il auoit trouué & presenté mon secret à son E. vn mois deuant que ie fusse oüy. Il dit vn peu plus bas ces mesmes mots : *Il est vray que i'estois bien aysé d'auoir cette occasion pour me faire cognoistre à son E. & souhaitteray bien d'estre mieux cogneu de luy que ie ne suis, si ie sçauois par quel moyen en venir au bout, &c.* Par où appert qu'Hume fait tous ses efforts d'estre cogneu de son E. à quelque prix que ce soit.

Certainement il me semble que son E. a vn notable interest à ne mespriser comme elle fait vne cognoissance de telle importance, prenant neantmoins garde à son dessein, & à ses forces naturelles & surnaturelles, puis que c'est vn esprit merueilleusement altier & arrogant comme se verra cy dessous, ensemble à son poil, sa physiognomie, son regard, ses paroles, ses gestes, sa Religion, ses mœurs, & quantité d'autres bonnes parties qui ne sont que trop cognues de ceux auec qui il a affaire. Car combien y en auroit-il de trompez si son E. cognoissant le merite d'Hume, en faisoit vn Ministre d'Estat, qui ou dans le Conseil ne rendist que des oracles infaillibles, ou dans la Guerre défit le Cardinal In-

fant & le Prince Thomas, le Duc Charles & le Ge-
neral Galas? Il est sans doute assez mauuais garçon
pour cela, veu qu'en presence de Monsieur de Bautru il eust bien l'asseurance de me dire apres plusieurs injures, que puis que ie ne pouuois rien contre luy par la plume, que ie prisse vne espée.

Or Hume a trouué en moy ce qu'il cherchoit, &
dont il estoit si fort en peine, ne pouuant mieux
rencontrer que de s'addresser encor à moy pour
estre cogneu de son E. & de tout le monde: Et enfin
j'entreprends donc cet affaire tant en sa faueur que
pour le bien public. Protestant qu'icy ie n'entends
diminuer en aucune façon l'honneur qui est deub à
la Nation Escossoise; veu que d'ailleurs j'ay comme
Tycho sujet de me loüer de la ciuilité, courtoisie &
faueur de personnes d'honneur, de vertu, & de
grand sçauoir, qui sont de la mesme nation; & entre autres de Monsieur de Valois, qui voyant ces seconde, troisiesme, & quatriesme boutades d'Hume,
les aura sans doute bien plus à contre-cœur que la
premiere, dont par sa lettre il m'a tesmoigné son
desplaisir : Chacun sçait que les fautes sont person-
nelles.

Hume donc soit qu'il eust esté tancé par des gens
d'honneur de m'auoir indignement traicté tant en
l'Epistre de sa Trigonometrie qu'en sa Theorie des
Planetes selon Ptolomée, (dont l'impression n'a
osé paroistre en public à l'aspect de ma sixiesme
Partie de la Science des Longitudes, laquelle des-
couure si nettement les erreurs de Ptolomée & de
tous les anciens touchant la Theorie des Planetes,
& en propose les veritez naturelles.) Ou soit qu'il
eust eu quelque vent de la response que ie luy ap-

prestois en icelle sixiesme Partie:Il pria vers le commencement du Caresme passé vn fort honneste & sçauant homme Danois, nommé Monsieur Erricus Olai, de le remettre en bonne amitié auec moy. Le sieur Erricus n'osant l'entreprendre, & m'aborder pour ce sujet, ains le reprimendant aigrement de ce qu'il auoit fait contre moy : Enfin importuné tous les iours par Hume, il me propose l'affaire qui de prime abord me fit admirer l'humeur du personnage, & resver sur son dessein : Neantmoins me recognoissant Chrestien (quoy que d'autre Religion qu'Hume) & estant de mon naturel tres-facile à pardonner vne offense; Ie prié le sieur Erricus de dire à Hume, que s'il vouloit oster de ses liures ce qu'il y auoit mis contre moy, ou m'en faire raison par escrit public, j'oublierois le tout, & ne luy respondrois point, & serois son amy. Autrement qu'ayant l'honneur d'estre Professeur du Roy, cet accord me rendroit ridicule à tout le monde; qui d'vn costé verroit les escrits d'Hume, & de l'autre mon silence & nostre conuersation, & partant que ie n'y pourrois entendre: Mais la response d'Hume fut qu'il n'en vouloit rien faire. Et neantmoins au commencement de sa derniere Inuectiue,il dit tout le contraire parlant de moy en ces termes: *Mais il fit response qu'il ne le pouuoit faire, & qu'il ne vouloit pas changer d'escrime; & que s'il ne me disoit des iniures, il ne sçauroit que me respondre.* Ceux qui me cognoissent *intus & in cute*, sçauent bien que ie ne suis pas homme à faire telle response. Et la menterie d'Hume est bien aysée à prouuer, ou par ledit sieur Erricus, ou par Monsieur Dauisson Docteur en Medecine, & sçauant Chimiste, Escossois de na tion, mien amy, qui a ſceu tout cet affaire : voire ſe prouuera bien clairemét par la ſuite de ce diſcours.

Or il eſt à noter qu'Hume dit au ſieur Erricus que mes Commiſſaires ſ'eſtoient offerts à luy, pour reſpondre ſoubs ſon nom aux cinq premieres Parties de mon liure des Longitudes dans ſa Theorie des Planetes : mais qu'il auoit refuſé leur offre, & dit qu'il feroit bien la reſponſe ſans eux; & en effect, elle ne reſſent que le ſtile & la Rethorique d'Hume. Mais cette derniere reſponſe à ma ſixieſme Partie, a bien vn autre air, au moins depuis la page 66. iuſques à la page 80. du Traitté de la Sphere : Et Hume qui n'a que trop de bec, ne ſ'eſtant peû tenir de dire à Monſieur de Citoys Conſeiller & Medecin ordinaire de ſon E. que quelques-vns auoient corrigé ſon plaidoyé; Qui penſera qu'en cette occaſion ſi importante à ſon honneur, attaché à celuy de mes Iuges, il ayt conferé auec d'autres qu'auec eux, qui ſ'eſtoient ia cy-deuant offerts à le ſeruir? & que d'vn commun accord ils n'ayent fabriqué cette derniere piece, laquelle enfin ne ſera qu'à leur commune confuſion? Pour le moins ſuis-je bien aſſeuré que quiconque le croira pieuſement, ne ſera en danger d'eſtre damné pour cela. Et pour confirmation de ce que deſſus, ie viens d'apprendre d'vn Libraire homme d'honneur, qui le maintiendra s'il en eſt de beſoin, qu'Herigone luy a dit en riât, qu'il auoit veu la derniere reſponſe d'Hume contre moy, & qu'il admiroit l'eſprit d'Hume d'auoir appris en ſi peu de temps à ſi bien coucher par eſcrit en langue Françoiſe. Et vn autre Imprimeur m'a aſſeuré qu'Herigone luy auoit dit que cette reſponſe n'eſtoit pas du ſtile d'Hume. En effect mes Commiſſaires qui enuenimez contre moy n'oſeroient parler en leur nom, ſont gens à tirer les marrons auec la patte du chat, & à faire porter la marotte de leur reſponſe au pauure Hume, qui n'eſt que trop chargé de la ſienne; Et ce que deſſus eſt grandement à remarquer. Mais puis qu'il n'y a qu'Hume qui parle en ce dernier eſcrit, il faut donc parler à luy, & l'expedier le plus ſuccinctement que nous pourrons, car noùs auons affaire ailleurs, à condition toutefois qu'il fera part de ſon gain de cauſe à ceux leſquels il a dit cy deſſus auoir corrigé ſa reſponſe, & icelle embelly de leur haut ſtile, quels qu'ils ſoient.

Ie diuiſe donc cette mienne reſponſe en trois Parties, ne m'attachant à l'ordre d'Hume, mais voulant garder ma methode *à minori ad maius*. La premiere ſera de Trigonometrie, la ſeconde traittera de mon inuétion des Longitudes, & la troiſieſme fera voir les impoſtures & fauſſetez auancées par Hume, pour me mettre mal en l'eſprit de ſon E. Laquelle ie ſupplie tres-humblement en mon affliction, ne vouloir refuſer l'œil ou l'oreille de ſa clemence à celuy, qui ayant ſi bien merité du public, eſt ſi indignement perſecuté par des malins Eſprits.

DONC en la page 83 du Traitté de la Sphere, Hume creuant de deſpit de voir ma Trigonometrie loüée par les ſieurs Longomontanus & Gaſſendus, iuſques à la preferer à celle de Briggius & Frobenius excellens en cette partie de Mathematique: voire meſme iuſques à dire que d'oreſnauant ils n'en vouloient point pratiquer d'autre, (paroles de Longomontanus qu'Hume par malice n'a voulu rapporter:) Il veut faire croire que ie les ay prié de me donner ces approbations, comme si dés l'année 1632. & 1634. que sont dattées leurs lettres, j'eusse creu en auoir besoin contre Hume, qui n'a fait imprimer sa Trigonometrie que sur la fin de l'année 1635: Et comme si des personnes de telle reputation estoient gens à donner telles approbations sur des prieres contre leur sentiment. Et Hume parle ainsi de ces Messieurs : *Si Longomontanus & Gassendus eussent veu ma Trigonometrie, ils bailleroient de leur propre mouuement, sans en estre priez, bien d'autres approbations que celles que pour ma part ie n'en voudrois point du tout, & aymerois beaucoup mieux qu'ils se teussent, & n'en dissent rien, que de me loüer de la façon.* Mais Hume se trompe fort, car ie le deffie bien de faire approuuer de la sorte sa Trigonometrie par personnes de telle capacité, quelque priere qu'il leur en face. Que si luy mesme ne loüoit sa Trigonometrie, elle ne le seroit de qui que ce soit, n'estant en effect qu'vn pot pourry de 183 propositions ramassées çà & là, & mal ordonnées, dont la plus grand' part est superfluë : veu que des deux plus excellens Mathematiciens que nous ayons eu pour la Trigonometrie, qui sont Pitiscus & Neper Baron de Merchiston : Pitiscus donne toute la resolution des Triangles, Plans & Spheriques en huict Axiomes seulement. Neper la donne en dix Propositions. Et moy ie la donne en douze ou quinze Theoremes seulement, qui mesmes comprennent les differentes Doctrines de Pitiscus & Neper: & de surplus 4. Theoremes de ma façon, par lesquels se demonstrent les Propositions eminentissimes de Neper, dont on n'auoit encor veu les demonstrations.

Mais Hume crie apres moy de ce qu'au Scholie

de mon 4. Theoreme pag. 50. i'ay cité vne propofi-
tion de Neper fans la demonftrer: Dit que cela fur-
paffoit mes forces, & celles de Briggius, & que luy
l'a demonftrée. Et en la page 82. ne pouuant plus fe
contenir en fa peau, il parle ainfi: *Cette inuentiõ
feule pour faire la demonftration deffufdite, vaut plus
que tout ce que Morin a iamais fait en fa vie, & que
tous ces grands myfteres (magna arcana) qu'il apporte
dans fon liure des Longitudes, &c.* c'eft à dire, encor
beaucoup plus que tout ce qu'ont iamais fait Ptolomée, Copernic, Regiomontanus, Tycho, Longomontanus, Kepplerus, & tous les anciens Aftro-
nomes, comme il eft aifé à iuger par mon liure des
Longitudes. Qui a iamais veu tel fanfaron? Ie ne
me mis iamais en peine de demonftrer la propofi-
tion de Neper: mais voyant la demonftration que
Hume en a donné, il m'a fait reffouuenir de ces
cheuaux qui ne peuuent cheminer, defquels on dit,
Voila vn bon cheual, il prend bien de la peine à aller. Il employe huict de fes propofitions en cette
demonftration, à fçauoir les 102. 103. 104. 105. 114.
115. 116. & 117. auec vne obfcurité, confufion, & em-
baras de paroles, que ie n'en vis iamais vn tel de
charrettes fur le Pont Noftre Dame: voire par des
figures abfurdes & furabondantes en lignes & en
lettres; & s'il n'euft manqué d'efprit, il euft veu
qu'elle fe pouuoit demonftrer briefuement & en fa
perfection naturelle feulement par le 4. Theor. du
premier liure de ma Trigonometrie, & par le 4
Theor. du 3. liure. Mais peut eftre qu'Hume a eu
telle auerfion des mes efcrits, qu'il a voulu faire
comme les Efpagnols & les Flamans; lefquels on
rapporte eftre fi enragez contre les François, qu'ils
ayment

ayment mieux ſe laiſſer mourir de faim , que de manger du bled qui vienne de France, quand meſ-mes les Anglois leur en voudroient faire tenir. Or puis qu'Hume a ſi mal donné cette demonſtration, ie la donne donc mieux que luy, dans la nouuelle Appendice que j'ay à preſent adjouſté à ma Trigo-nometrie : contenant encor vne Synopſe de ma fa-çon, pour reſoudre les triangles obliquangles plus ſubtilement & facilement que n'a fait Neper en ſes Propoſitions eminentiſſimes ; tirée neantmoins de la doctrine de Neper : & à cette Appendice ie ren-uoye le Lecteur curieux.

Quant à ſa definition du Cercle qui eſt telle. *Cer-cle ou circonference (car ainſi ie prens icy le mot de cercle) eſt vne ligne courbe non terminée retournant en ſoy-meſme, &c.* laquelle definition Hume ſouſtient en-cor eſtre bonne; Ie dis qu'elle eſt de meſme alloy que cette-cy : L'homme ou l'aſne (car ainſi ie prens icy le mot d'homme) eſt vn animal brayant,&c. Veu que comme cette-cy contient deux eſpeces d'ani-mal; auſſi celle d'Hume contient deux eſpeces de quantité continue; à ſçauoir le cercle qui eſt vne ſu-perficie; & la circonference qui n'eſt qu'vne ligne qui termine le cercle. Or cela eſt contre les prece-ptes de la Logique. Vray eſt qu'Hume confeſſe fran-chement qu'il ne ſçait pas la Logique ny la Philoſo-phie; mais qu'au reſte il eſt le plus ſçauant homme du monde : laquelle rodomontade ne dément en rien les autres ſiennes.

Pour les autres definitions des Angles droict, aigu, & obtus qu'Hume a auſſi donné de ſa teſte; il n'eſt pas homme de promeſſe, & ne me fieray ia-mais plus à luy , ſi conformement à ſon Epiſtre de la

Trigonometrie il ne me remercie de l'auoir reprins bien à propos; puis que sur ma reprimende il a corrigé ses trois definitions en son Traitté de la Sphere: adjoustant à chacune d'icelles ces deux mots, *Outre l'angle*, comme il est bien aisé de verifier par sa propre Trigonometrie, où les trois definitions sont en ces termes : *Angle droit est, duquel quelconque costé prolongé fait vn autre angle égal. Angle aigu est, duquel vn costé estant produit, fait vn autre plus grand ou obtus. Angle obtus est, duquel vn costé estant produit, fait vn autre moindre; sans seulement dire de quel* bout il falloit prolonger ce costé. Ne voila pas de belles definitions, & capables de donner enuie aux Mathematiciens, Philosophes, Theologiens, Medecins & Iurisconsultes de loüer Hume à la iournée pour leur faire des definitions? Et neantmoins il est si effronté, qu'apres auoir trompé le Lecteur qui ignore sa correction, il ose bien dire ces paroles contre moy, page 85. *Le lecteur iugera s'il y quelque chose à redire à ces definitions, &c.* Et moy ie dis que nonobstant la correction d'Hume, elles sont encor imparfaites & ambiguës. Mais il n'a pas l'esprit de le voir : qu'il les recorrige d'oc encor vne autre fois s'il veut; car pour moy j'ay autre chose à faire qu'à m'amuser à reformer tous les erreurs & impertinences qui sont si frequents dans les liures d'Hume : Desquels ie proteste n'auoir veu que ce qu'il escrit contre moy, & encor auec bien de la contrainte. Estimant au reste par ce peu que j'ay veu, toutes les œuures d'Hume tres-indignes de la lecture tant des Maistres que des Apprentifs aux Mathematiques. Et si les Libraires & Imprimeurs (qui desia y ont esté attrappez) ne m'en veulent croire, qu'ils

en prennent l'aduis des moins suspects que ie ne
suis, afin qu'ils n'y soient plus trompez.

LAISSONS le discours de la Trigonometrie qui
est du stile d'Hume, mais vn peu rabotté, & passôs au
discours des Lógitudes, qui ressent mieux la Rethorique d'autres miens Ennemis : qui de peur d'estré
recogneus, ne parlent que masquez du nóm d'Hume, qui leur sert de sarbatane. Hume donc & ses
Camarades disent à l'abòrd, pag.66. *Que les approba-*
tions de mon inuention des Longitudes, qui m'ont esté en-
uoyées par les plus celebres Astronomes de l'Europe, ne
sont que complimens & paroles d'honnesteté : parce que
(disent-ils) on n'escrit iamais à vn homme pour le des-
obliger, ny pour le blasmer. Comme s'il estoit croya-
ble qu'en vn affaire de telle importance & ialousie,
pendant à Paris pardeuant l'Eminétissime Cardinal
Duc de RICHELIEV, & exposé par mon liure à la
veuë de tout le monde : Des personnes de cette condition, merite & sçauoir, eussent voulu tous vnani-
mement hazarder leur reputation, & se faire moc-
quer me complimentans mal à propos? S'est-il iamais veu Mathematicien qui n'ayant mis en lumiere que des fadaises (comme ils appellent mon Inuention pag. 70.) aye eu telles approbations, & par
personnes de ce calibre? Et s'ils m'eussent voulu
seulement complimenter & obliger, m'eussent ils
proposé si grand nombre de difficultez, & telles
qu'Hume en l'epistre de sa Trigonometrie, & en
son Traitté de la Sphere, pag. 69. ose bien asseurer
qu'il m'est impossible d'y respondre? Si est-ce pourtant que j'y ay respondu pertinemment dans ma
sixiesme Partie, & resolu toutes ces difficultez &

objections contre l'opinion d'Hume & de ſes Con-
federez. Mais à cecy Hume page 69. parle ainſi de
moy: *Et quoy qu'il diſe qu'il leur reſpond ſuffiſamment,
il les faudroit ſolliciter d'eſcrire des lettres nouuelles,
pour faire voir que ſa reſponſe les a ſatisfait.* Et moy ie
dis, pourquoy eſt-ce que ma reſponſe ne les auroit
pas ſatisfait, puis qu'elle a ſi bien ſatisfait Hume &
ſes Compagnons, qu'ils n'ont vn ſeul mot à y repliquer pour la deſtruire? Car ou Hume eſt vn ignorãt
qui ne void pas les erreurs de mes reſponſes, ou
ſ'il les void, il les deuoit expoſer en ſa derniere inuectiue, & me les reprocher ; ſans ſ'en remettre, &
laiſſer cet honneur à ces celebres Aſtronomes, &
ſ'attendre à leurs nouuelles lettres. Ce que toutefois Hume n'a fait, ny ne peut faire.

Or ce qu'il y a principalement à remarquer en
l'eſcrit d'Hume, eſt qu'il n'eſt remply que de con-
tradictions, pures menteries, peruerſions, impoſtures; & particulierement de cette malice, qu'Hume me fait touſiours les meſmes objections, ou me
propoſe les meſmes difficultez qui m'ont eſté faites
ou propoſées dés le commencement par luy, par
mes Commiſſaires, & par les celebres Aſtronomes
qui m'ont fait l'honneur de m'eſcrire; ſans faire aucune mention des reſponſes & reſolutions que j'en
ay renduës : parce que ny Hume, ny ſes Camarades
n'ont rien à y repliquer qui les puiſſe deſtruire,
comme j'ay dit cy-deſſus; & ſe verra cy-deſ-
ſous.

Donc en la page 66. de ſon Traitté de la Sphere il
m'accorde cœt aduantage de l'approbation de Monſieur le Prieur de la Valette, *Que i'ay enrichy de beaucoup la ſcience des Longitudes des Problemes & Propo-*

ſitions qui n'ont pas eſté baillez par les autres. Où neantmoins le malin Eſprit s'eſt bien empeſché de rapporter le vray texte de la lettre qui eſt tel : *I'en dis fort*
ingenuement autant de voſtre liure des Longitudes par
le mouuement de la Lune, auquel vous auez tres-doctte-
ment trauaillé, amplifié & enrichy par des Problemes
tres-veritables, & bien demonſtré le moyen & l'art de
ſçauoir la longitude des lieux de la Terre par ledit mou-
uement. Et plus bas : *I'entens que vous auez doctement*
trauaillé en cette ſcience, en ayant dreſſé tout vn volu-
me, enrichy de tres-bons, nouueaux, & veritables Pro-
blemes. Paroles qui releuent bien d'autre façon le
merite de mon Inuention, que celles qu'Hume rap-
porte.

En la meſme page 66. il m'accorde cet aduantage
de l'approbation de Monſieur Gaſſendus : *Que i'ay*
beaucoup adiouſté à cette ſcience, & que perſonne ne l'a
encor enſeigné auec tant de preciſion, & ne croit pas que
l'on y puiſſe rien adiouſter dauantage. Où neantmoins
Hume, ſuiuant la couſtume de ſa Religion, peruertit
encor les eſcritures, car le texte de la lettre dit ainſi :
Pour voſtre INVENTION *de la ſcience des Longitudes*
que vous auez publié, ie vous diray en premier lieu : Que
i'ay grandement admiré, & me ſuis infiniment reſiouy,
de voir à quel point vous auez porté cette cognoiſſance.
Aucun que ie ſçache n'eſtoit point encor allé ſi auant.
Et plus bas : *Il eſt bien vray que ſi on ne la peut auoir*
que du coſté du Ciel, & qu'il faille ſeulement s'en rap-
porter à la Lune : Non ſeulement vous auez enchery par
deſſus tous ceux qui en ont parlé iuſques à vous ; Mais ie
ne voy pas meſme qu'on puiſſe adiouſter grand' choſe à ce
que vous en auez declaré.

En la page 67. Hume a eſté encor plus malin, car

de la lettre de Monſieur de Valois Eſcoſſois, laquelle, ſelon la propre confeſſion d'Hume, m'eſt encor
plus fauorable que les autres, il en fait plus maigre
rapport que de toutes les autres : & s'eſt bien empeſché ſur tout de rapporter ces paroles. *Mais ſi par
les obſeruations les Tables de la Lune eſtoient bien reſti-
tuées, ie tiens voſtre* INVENTION *des Longitudes terre-
ſtres & la plus aisée, & la plus prompte, & la plus aſſeu-
rée que l'on ſe puiſſe imaginer:* s'eſtant ſeulement con-
tenté de rapporter ces mots, *Que pas vn des Anciens
ne s'eſtoit ſeruy de la ſcience de trouuer les Longitudes
par la Lune auec tant de circonſpection que moy, & ce
que les autres auoient commencé, ie l'auois rendu plus
parfait.*

Page 68. il a tout à fait ſupprimé les mots de l'approbation du fameux Longomontanus, que luy-
meſme appelle tres-habile homme : leſquels ſont
ceux-cy. *Quam quidem (ſupple Lunam) licet tertia
parte libri huius ita ad demonſtrationes triangulares
exaggeras tuo propoſito inſeruituram, vt non ſolum ad-
uerſariis tuis, ſed omnibus in orbe Mathematicis hîc ſa-
tisfactum putem.*

Finalement page 69. la malice d'Hume croiſſant
touſiours de degré en degré, il dit qu'Hortenſius
apres m'auoir baillé quantité de belles paroles, fait
encor plus contre moy : ſupprimant tout à fait ſon
approbation, qui eſt la plus claire de toutes les pre-
cedentes, & dont voicy les mots. *Dico hanc praxim
inueniendi locorum Longitudines per Lunam, ante D. Mo-
rinum neminem tam accuratè demonſtraſſe, eumque
mathematicè ſatisfeciſſe propoſita quæſtioni: & theori-
cè conſiderando omnia Problemata eſſe huic rei apta.*

Or outre les approbations cy deſſus, leſquelles

Hume accorde sans auoir osé les contredire : Les mesmes Astronomes disent que j'ay merité recompense de mon Inuention, Voicy les paroles de Monsieur le Prieur de la Valette. *Et ie pense que personne quelconque elle soit, notamment de bonnes lettres, ne vous doit ennier, voire mais il vous doit procurer vne tres-honneste recompense, pour vous exciter dauantage, &c.* Les paroles de Monsieur Gassendus sont telles: *Aucun que ie sçache n'estoit point encor allé si auant : Et c'est pour cela que i'ay creu que vous meritiez & leuantage & recompense.* Voicy celles de Monsieur de Valois, qui apres auoir escrit contre l'enuie & la malice d'Hume sien compatriote, (ce qui est à noter) il poursuit ainsi. *Le mal qui vous arriue par vos Commissaires est plus dangereux. Desquels quoy que la derniere sentence ne puisse à mon opinion estre assez considerable pour vous frustrer de toute recompense : Elle le pourra estre neantmoins pour la rendre fort diminuée de ce que autrement elle eust peû estre.* Mais Hume ou ses Coadjuteurs qui s'entendent en la Musique, se sont bien empeschez de pinser cette corde, car elle eust fait vne fausse quinte en leur dessein. Au contraire voicy ce qu'ils disent page 70. *Certes il faut necessairement que Morin qui appelle les autres fourbes, soit luy mesme fourbe, ou grandement fol. Fol, dis-ie, & bien aueuglé en l'opinion de sa personne, & de son esprit, s'il croit que sa science & Inuention est aucunement à estimer, ou digne d'aucune recompense, n'estant de nulle vtilité dans la conuersation des hommes : sinon pour contenter la curiosité d'vn esprit particulier. Fourbe, s'il sçait bien que son Inuention est de nulle importance ; & neantmoins il voudroit ietter de la poudre aux yeux de tout le monde, & tirer vne recompense pour des* fadaiſes. Ou il faut auſſi qu'il aye manque de iugement, s'il l'eſpere pouuoir impoſer à tous les Mathematiciens de l'Europe, & à tant de gens de bon eſprit, & de bon iugement. Paroles que ie n'ay voulu obmettre d'inſerer icy pour faire rougir de honte Hume & ſes Compagnons, & en faire plus viuement eſclatter le luſtre de ma gloire.

Pour moy ie coniecture que ces paroles ſi aigres bien differentes du ſtile d'Hume, ſont extraittes du repertoire d'iniures compoſé côtre moy par l'vn de mes Cômiſſaires, & qui le fit voir à pluſieurs perſonnes de qualité il y a vn an; mais n'a oſé le mettre en lumiere. Et ce qui me porte le plus àcette côjecture, eſt la page 72. où ie ſuis repris en mon Epiſtre à ſon E. de le ſommer de ſa promeſſe, & comme luy faire vn exploict: qui ſont termes de la chicane. Or chacun ſe delecte aux termes de ſon art, & les applique au beſoin: Et ſi vn Maſſon euſt eſcrit contre moy, il luy euſt eſchappé quelque terme de Maſſon: Artifice qui n'eſt pas des pires pour recognoiſtre l'Autheur d'vn liure ou d'vn eſcrit duquel on doute. Mais ſi Hume & ſes Camarades peuuent auec toutes leurs iniures demonſtrer, que ie n'aye pas donné la vraye ſcience des Longitudes, ains des fadaiſes: & que les Aſtronomes cy deſſus ſont auſſi des fols & des fourbes d'auoir tant loüé & approuué mes fadaiſes, comme il ſ'enſuit des paroles cy deſſus; voire dit que j'en meritois recompenſe, (ce qu'Hume deuoit premierement faire pour auoir plus beau ieu d'inuectiuer contre moy) certainement ſans autre forme de procez ie quitte la partie.

Mais Hume expoſe page 66. que le ſieur Prieur de la Valette, *Ne dit pas pourtant que Morin a trouué cette ſcience.*

A quoy ie replique, Que veulent donc dire ces mots dudit sieur Prieur, *tres-bons, nouueaux, & veritables Problemes?* Qui sont confirmez par Monsieur de Valois en ces termes ja cy dessus exposez: *Mais si par les obseruations les Tables estoient bien restituées; Ie tiens vostre INVENTION des Longitudes terrestres & la plus prompte, & la plus asseurée qu'on se puisse imaginer pour le present, &c:* Voire confirmez par les Approbations de Messieurs Gassendus, & Hortensius; & par le propre texte d'Hume cy-dessus rapporté pag. 24.

Hume poursuiuant dit: *Ny qu'il est le premier qui a enseigné à trouuer les Longitudes par le mouuement de la Lune.* & le repete sur la lettre de Monsieur de Valois. A cecy j'ay desia respondu plusieurs fois dans mon liure des Longitudes. A sçauoir que tous les Anciens auoient ja bien iugé deuant moy qu'il falloit trouuer les Longitudes par le mouuement de la Lune : & ie prends cecy à mon aduantage pour mieux faire voir qu'il n'y a autre moyen au Ciel de trouuer les Longitudes que par la Lune. Et en ma sixiesme Partie, page 182. j'ay dit, qu'à la verité ie n'estois pas le premier Inuenteur des methodes erronées dont se sont seruis tous les Anciens pour auoir les Longitudes par la Lune : Mais que j'estois le premier Inuenteur des vrayes, parfaites, & geometriques methodes d'auoir les Longitudes par le mouuement de la Lune. A cecy qu'est-ce qu'Hume a repliqué, ny peut repliquer ? Qu'il me face voir que deuant moy aucun ayt donné quelque methode exacte, parfaite & geometrique, telle que la requiert vn affaire si delicat, & ie quitteray encor la partie. Il a bien veu ces mots dans la lettre de Monsieur de

Valois tres-importans à ma cause : *Vous auez reme-dié à tous les manquemens d'Oronce, Gemma, Nonius, Verner & autres, & auez parfait ce qu'ils auoient com-mencé :* Mais le malin qu'il est, s'est aussi bien empes-ché de les exposer, que de les contredire.

Or Hume continue ainsi. *Outre qu'il ne dit pas que Morin les a reduit en vn si haut degré de perfection, qu'on s'en puisse seruir ny sur Mer ny sur Terre.* Et moy ie dis que si : Autrement si ce que j'ay donné estoit inutile sur Terre & sur Mer, le sieur Prieur de la Valette auroit dit bien mal à propos, *que i'ay dõné de tres-bõs Problemes : & qu'on m'en doit procurer vne tres-honne-ste recompense.* Car pour la sciéce des Longitudes ie l'ay reduite au plus haut degré de perfection qu'el-le puisse estre : comme il est euident par les appro-bations des sieurs Gassendus & Valois cy dessus : desfiant Hume & mes Commissaires d'y pouuoir rien adjouster de plus parfait. Tellement que pour reduire icelle science en pratique sur Terre & sur Mer, il ne reste plus qu'vn bon instrument & des Tables de la Lune qui soient iustes, comme a dit Monsieur de Valois cy dessus ; lesquelles deux pie-ces ie ne suis obligé de donner : comme ie m'en rap-porte mesmes à mes Iuges, qui ont admis ma Pro-position qui m'en exempte. Car puis que l'obserua-tion requise est possible à la precision que ie de-mande, comme afferme Monsieur de Valois tres-expert és obseruations : Il n'y a nul doute qu'ayant des Tables iustes, mon Inuention reüssira parfaite-ment sur Terre : Comme le confirme encor le sieur Hortensius par sa lettre, quoy que Hume die page 69. qu'Hortensius n'approuue que la theorie de ma science, & non pas la pratique : Laquelle menterie d'Hume eſt bien ayſée à verifier par la lettre d'Hortenſius, laquelle ie ſuis preſt de monſtrer : Et Monſieur de Beaulieu Gentilhomme d'honneur , & Capitaine de la Marine tres-experimenté & iudicieux, qui fut l'vn de mes Commiſſaires pour la Marine ; m'a dit pluſieurs fois , & ne s'en deſdira pas deuant ſon E. qu'encor que mon Inuention ne fuſt bonne que ſur Terre , neantmoins pour cela ſeul elle meriteroit recompenſe : puis que pour cela ſeul elle ſeroit tres-vtile & importante à la nauigation. Et aſſeure librement que ſi elle eſtoit bonne ſur Terre , elle ſe pouuoit rendre bonne ſur Mer : Dequoy ie l'eſtime bien plus capable de iuger que ceux qui n'ont point obſerué ſur Mer. Et en effect aucun de ces Meſſieurs qui m'ont fait l'honneur de m'enuoyer leurs Approbations , n'a oſé la dire impoſſible ſur Mer dans toutes les difficultez & objections qu'ils m'ont propoſé, parce qu'aucun d'eux n'a obſerué ſur Mer.

Que dira Hume là deſſus ? car ie le preſſe fort. Il dit page 67. que Monſieur de Valois ne dit nulle part, qu'il ſoit iamais poſſible de reformer les Tables de la Lune. Et moy ie dis qu'Hume eſt vn impudent menteur : Car en la lettre de Monſieur de Valois que j'ay fait imprimer toute entiere y a enuiron vn an, & en la page 23. il reſpond au 4. article de la ſeconde ſentence de mes Iuges (qui diſoient qu'il eſtoit impoſſible de reformer les Tables par mes methodes) en cette ſorte. *Ces Meſſieurs ont eſté, ce me ſemble, vn peu trop ſeueres cenſeurs. Car ſi le moyen de reſtituer les Tables ſeul & vnique eſt par les obſeruations ; & ſi le moyen d'obſeruer la Lune par vous propoſé eſt le meilleur & le plus exact qu'on ayt encor* proposé; ie ne sçay pourquoy ils disent que les Tables ne pourront iamais estre restituées par ce moyen là. En vain tous nos predecesseurs auroient trauaillé à leur restitution par les obseruations, si les obseruations ne seruoient de rien. Voila pas tout le contraire de ce que dit Hume? Or ayant trouué depuis cette lettre la vraye Equation du temps, le moyen d'obseruer exactement le centre de la Lune: & tous les autres secrets necessaires à la reformation des Tables de tous les Planetes & des Estoiles fixes: Ie laisse à penser de combien on peut à present mieux asseurer la possibilité de la reformation des Tables.

Quant à ces paroles de Longomontanus: *De facilitate Tabularum Astronomicarum corrigendarum, caue mi amantißime Morine, ne quid temerè præsumas; sed potius hortare alij ne faciant, &c.* Lesquelles Hume m'objecte, apres que moy-mesme le premier me les suis objectées en la page 199. de ma sixiesme Partie: Ensemble les paroles d'Hortensius qui sont encor bien plus pressantes. I'y ay desia si pertinemment respondu en la susdite page, qu'Hume ne sçauroit que me repliquer. A sçauoir que ces Astronomes voyans les grandes difficultez qui restoient dans l'Astronomie pour la reformation des Tables: ne sçachans aucun moyen de les surmonter: & ne pensans pas qu'il eust pleu à la Diuine Bonté me departir en la sciéce des Astres plus de lumiere qu'aux Anciens, par laquelle ie leue toutes ces difficultez: Ie trouue qu'ils ont eu quelque raison de m'objecter la difficulté de la reformation des Tables: voire de la iuger impossible, comme ie dis en la page 212. de la sixiesme Partie des Longitudes: Mais voyans cette sixiesme Partie, ils changeront bien de langage.

Hume ne pouuant nier que par mes nouuelles Inuentions j'ay satisfait à ceux qui m'ont fait l'honneur de m'escrire & me proposer leurs difficultez; mais ne sçachant plus que dire, il se iette sur le mespris de mes Inuentions, tant de celles que j'ay données, que de celles que ie me suis reserué iusques à ce que j'aye esté recompensé; toutes grandement necessaires pour obseruer exactement & reformer les Tables à perfection. Celles que j'ay données sont entr'autres l'Art de trouuer tres-exactement la ligne meridienne; De prendre toute dimension des Astres iusques aux secondes, par vn Octans de 10. pieds de rayon, sans le remuer d'vne place : D'obseruer tres-exactement le Centre de la Lune par vne pinnule triangulaire, ce qu'on auoit creu impossible; De voir les Estoilles fixes & les Planetes mineurs de iour, le Soleil estant sur l'horizon; Et en suitte trouuer leur vray lieu, les ajustant sur le Soleil iusques aux minutes & secondes : Laquelle Inuention j'ay dit à bon droit estre vn des plus grands & vtiles secrets de l'Astronomie : Aucun desquels secrets ny Hume ny ses Camarades ne me sçauroient monstrer auoir esté cogneu deuant moy, par qui que ce soit. Et neantmoins Hume les mesprise tant qu'il peut, sans toutesfois y pouuoir rien trouuer à reprendre, iusques à dire page 77. *Ie vous prie qui est l'enfant qui ne se fust pas aduisé de cela aussi bien que Morin?* Mais qui s'estonnera de me voir mespriser de la sorte par vn homme de neant; puis qu'ainsi par les Grands & les Courtisans d'Espagne fut mesprisé le genereux Colomb à son retour de la descouuerte des Indes Occidentales : lesquels d'enuie luy disoient que le plus chetif matelot en eust bien fait

autant que luy ? Toutefois Colomb se mocqua bien
d'eux ; leur presentant seulement vn œuf à faire tenir droit sur l'vn de ses deux bouts, dont ils ne peu-
rent iamais venir à bout. Tous les rares hommes en
quelque sçauoir ont deux ennemis à combattre &
surmonter ; à sçauoir le mespris des ignorans, & la
rage des enuieux. Or Hume ayant fort mesprisé les
inuentions que j'ay liberalement données au public ; il veut que sur son mespris les autres que ie me
suis reserué, A sçauoir la vraye Science des Paralaxes & Refractions ; Le moyen d'auoir la vraye Paralaxe du Soleil sans rien supposer, & en suitte d'a-
uoir la vraye Obliquité de l'Ecliptique ; La vraye
Equation du Temps, si passionnément desirée de
tous les Astronomes & Astrologues : & la Methode de reformer plus iustement les Tables de la Lune sans aucune eclipse, voire en 2. ou 3. ans, que
n'ont peû faire les Anciens en longues années par
les eclipses : Il veut, dis-je, que ces Inuentions tres-
nobles soient tenuës pour des choses friuoles, vsant
de ces termes page 79. *Il est prou aiser à deuiner que
les autres sont de mesme estoffe & calibre : & que tous
les mysteres de Morin, qui est tousiours accoustumé d'vn
pied de mousche en faire vn elephant, & tout remply de
vanité & rodomontades, veut faire accroire que tout ce
qu'il fait sont des miracles.*

Mais voyons si Hume luy mesme fera point icy
quelque miracle (chose non encor iamais veuë parmy les gens de sa Religion.) Apres m'auoir bien
berné auec tous mes secrets tant donnez qu'à donner ; se releuant sur ses ergots, il entreprend pour
me brauer de bailler des moyens de son inuention,
ou de quelqu'vn de ses Camarades, pour trouuer

les Paralaxes du Soleil, & les mouuemens du Soleil
& de la Lune par les seules obseruations. De refuter
le tout, ce ne seroit iamais fait; & les bagatelles qu'il
propose ne le meritent pas. Mais prenons seulement
la Paralaxe du Soleil qui est le fondement de tout,
puisque de là dépend l'obliquité de l'Ecliptique. Il
dit donc page 79. *Pour trouuer les Paralaxes du Soleil,
sans sçauoir la Paralaxe de la Lune que Morin tient pour
vn grand secret, la methode est telle.* Et pour abbreger;
Ayant premierement trouué la hauteur du pole
Boreal, puis en suite la hauteur de l'Equateur selon
la commune mode, il dit: *Apres par les ombres du
Soleil trouuez aussi la hauteur de l'Equateur & la difference, entre ces deux hauteurs de l'Equateur, sera la
Paralaxe du Soleil. Voila vn moyen aussi excellent qu'aucun que Morin sçauroit apporter, quelque grand secret
que ce soit. Lequel nous expliquerons plus amplement
ailleurs.* Et moy ie dis qu'Hume ayant veu ma sixiesme Partie, voila vne excellente asnerie laquelle j'explique icy. Car pour auoir la hauteur de l'Equateur
par les ombres du Soleil, il faut auoir l'exacte declinaison du Soleil; & pour auoir cette declinaison, il
faut auoir exactement le lieu du Soleil, & la iuste
obliquité de l'Ecliptique: & pour auoir l'vn de ces
deux, il faut premieremét auoir la vraye Paralaxe du
Soleil, côme se voit bien clairement és pages 220. &
221. de ma sixiesme Partie. Hume donc cherche ce
qu'il suppose desia trouué, ou suppose ce qu'il cherche: & cômet icy le Cercle logique de mes Cômis-
saires, ou le Sophisme de petitió de principe: lequel
en ma sixiesme Partie j'ay desia repris en tous les Anciens, & bâny pour iamais de l'Astronomie; en sorte
que dorésnauant ce sera pure ignorâce de plus com-

ber en si lourde faute. Hume donc n'a pas la vraye paralaxe du Soleil, quelque explicatiõ de sa metho-de qu'il promette ailleurs pour se sauuer, & selõ son ordinaire ietter la poussiere aux yeux des ignorans; & à cecy le pauure Hume n'a rien à repliquer.

Par ce que dessus on peut iuger de l'excellence des Tables breues & faciles qu'Hume promet effrontément pour les Longitudes, par les seules obseruations du vray mouuemét de la Lune, sans le moyen : faites non seulement chaque iour, chaque mois & chaque année durant l'espace de 19. années pour le moins, que toutes les irregularitez de la Lune s'acheuent, comme il explique és pages 86.87.88. & 89. mais encor pour chaque heure d'vn si long temps : veu que comme il dit en la page 211. de la Theorie des Planetes selõ Ptolomée, *Les vrays mou-uemens horaires ne peuuét estre cogneus par aucun calcul ou hypothese, non plus que les vrays mouuemens diurnes, ains par les seules obseruations* : Toutes lesquelles ob-seruations quand mesmes on verroit la Lune chaque iour & chaque heure de tout ledit temps, se mon-tent seulement à 166554 obseruations. C'est à dire, à plus grand nombre d'exactes obseruations qu'il ne s'en est iamais fait depuis la creation des Astres. Mais si on ne voit tousiours la Lune, il faudra re-mettre la partie à vne autre Reuolution de 19. an-nées; ou bien laisser les Tables incertaines; & ainsi continuer iusqu'au iour du Iugement; auquel tous les calculs se feront par les Tables de Moyse. Or ie ne m'amuse point icy à refuter l'absurde imagi-nation des Tables d'Hume (si insensé qu'il veut que ie dresse des Tables comme il enseigne) pour deux raisons; quoy qu'Hume afferme page 66.

que

que j'auois entrepris de les refuter ; mais ie me suis
desdit du marché, n'y trouuant pas mon compte.
La premiere raison est, qu'encor qu'Hume dise pag.
86. *Cette seule inuention de construire les Tables du vray
mouuement de la Lune par les seules obseruations, sans
se soucier du moyen mouuement, surpasse tout ce que Morin a iamais fait, quoy qu'il mist toutes ses inuentions en
vne seule :* Neantmoins ce qu'Hume a exposé de
son inuention n'est que pure ignorance & contra-
diction sans aucun vray & solide fondement, &
principalement pour trouuer le lieu de la Teste du
Dragon, & l'inclination du deferent de la Lune sur
l'Equateur, par lesquels deux poincts il veut com-
mencer ses Tables. La seconde, parce qu'Hume
apres auoir dit page 89. quelques bagatelles sur ce
subjet, qui ne concluent rien, luy-mesme conclud
ainsi. *Voila vn moyen de trouuer le vray mouuement de
la Lune, sans auoir la peine de chercher son centre, plus
excellent que tout ce que Morin a iamais fait, lequel nous
expliquerons ailleurs.* Or ie serois bien despourueu
d'esprit & de prudence, de refuter vne chose qu'il
n'a point encor expliquée, & qu'il promet (pour
tromper le monde, & donner bonne opinion de
soy) d'expliquer ailleurs ; Ce seroit tirer des cano-
nades contre vn Fort sans le recognoistre, ny le
voir ; Ou imiter Hume, qui comme les Andabates
s'escrimoit contre mon secret des Longitudes par
ses manuscrits & impressions, sans sçauoir ce que
c'estoit.

Mais qu'Hume est plaisant pag. 67. En laquelle
se mocquant de l'ignorance de mes Commissaires,
ou bien eux-mesmes l'aduoüans pour s'excuser,
Hume parle ainsi d'eux. *Car s'ils eussent voulu suiure*

mon sentiment, ils luy eussent nié la verité des Tables tout à plat. Et aussi la possibilité de les reduire à vne precision requise pour la science des Longitudes. O la lourde faute qu'ils ont fait en cela ! & sur tout d'a-uoir voulu faire les entendus, au lieu de suiure le bon conseil d'vne si sage & si capable teste qu'est celle d'Hume, qui en sçait plus qu'eux; & qui à son grand regret void bien, qu'en effect il n'est plus temps de faire cette negatiue : Parce que ma sixies-me Partie leue toutes les difficultez de la Reforma-tion des Tables. Mais aussi d'autre costé qui est l'homme de bon iugement, lequel des paroles cy-dessus ne tire consequence, que j'auois doncques donné la vraye Science des Longitudes, pour la pratique de laquelle, n'estoit plus besoin que de Tables iustes ? comme elles se peuuent faire main-tenant; & partant que j'auois pleinement satisfait à ma proposition ?

Il n'y a toutefois rien dont Hume se picque tant, ny qu'il entreprenne auec plus de passion, que de faire à croire qu'il a sceu mon secret des Longitudes mieux que moy, & qu'il en auoit demonstré les de-fauts & imperfections par son Escrit baillé pour estre presenté à son E. vn mois auant mon action. Car à chaque bout de champ il se vante de cela : Et partant que ce grand mystere des Longitudes est aussi bien le sien que le mien, voyez la page 91.

Mais puis qu'Hume ne se contente pas que j'aye fait voir succinctement son asnerie en ma sixiesme Partie, pag. 205. & 206. & veut que ie l'estende icy plus au long. Ie le feray pour m'accommoder à son humeur. Voicy donc tout son procedé extrait de sa propre Lettre, laquelle par honneur nous auons

expofé au commencement de cette Reſponſe : &
laquelle ie feray voir à quiconque en aura l'enuie.

Hume partant d'Hambourg, trouue auec vn in-
ſtrument la Lune eſloignée du cœur du Lyon de 9.
degr. 57′. à 11 heures de nuiɛt. Puis eſtant arriué à
Liſbonne, il l'a trouué eſloignée de l'œil du Taureau de 24 degr. 35′. à deux heures apres minuiɛt, &
ſuppoſe qu'au moment de cette derniere obſeruation il eſt 2 h. 48′. apres minuiɛt à Hambourg. Par
où il conclud que la difference de temps entre
Hambourg & Liſbonne eſtant de 48′; leur difference de Longitude ſera de 12 degrez. Or j'ay dit page
206. de mon liure des Longitudes; que cette methode n'eſt qu'vne pure ſottiſe; pour deux raiſons.
La premiere; parce que la diſtance de la Lune au
cœur du Lyon eſt entierement ſuperfluë : Hume
qui ne ſe ſoucie que de jetter des paroles au vent,
reſpond page 92. *Ouy bien pour Morin qui veut que
l'on compte touſiours* ab æra Chriſti : *Mais non pas pour
mon deſſein, qui ne veux qu'on compte que depuis le commencement du voyage:* Et moy ie dis, En quel endroiɛ
de mon liure trouuera Hume que j'aye voulu que
l'on compte *ab æra Chriſti*, & non ſur le courant
des Tables ou Ephemerides depuis leur derniere
correɛtion? Et pour ſon deſſein, dequoy ſert-il de
faire vne obſeruation pour trouuer le lieu de la Lune, auant que donner la voile au vent, comme il dit
page 92. & compter tout le temps du voyage le
mouuement de la Lune par les Tables ordinaires ou
Ephemerides, comme il dit luy-meſme; (& partant
ab æra Chriſti, auſſi bien qu'il m'impoſe de faire,
puis que ie calcule par les meſmes Ephemerides:)
puis qu'eſtant arriué à Liſbonne, il ne ſe ſert point

d'iceluy lieu de la Lune, mais de sa seule distance à l'œil du Taureau, & de la supposition, qu'il soit alors 2 h. 48′. apres minuict à Hambourg?

Ma seconde raison est, parce qu'Hume en sa methode ne dit point la façon de trouuer la vraye distance de la Lune à vne Estoille, ny le vray lieu de la Lune: A quoy Hume respód à tort & à trauers, *Que cela n'est pas de la science des Longitudes. Laquelle* (cóme il dit plus bas se contredisant) *consiste purement en ce qu'il faut trouuer le lieu de la Lune par les instrumés, n'importe comment mais qu'on le trouue & aussi l'heure de l'obseruation au lieu de l'obseruation.* Mais seroit-ce pas grande folie de chercher le lieu de la Lune auec vn instrument, sans sçauoir comment il le faut trouuer? Hume deuoit donc en enseigner la methode. Mais il dit plus bas. *Bien est vray que ie n'enseignois pas à ce discours là à trouuer la distance de la Lune à vne Estoille: parce que les Apprentifs de l'Astronomie le sçauent aussi bien que Morin, Tycho l'ayant enseigné assez amplement.* Mais Hume en cet endroit fait malicieusement d'vne pierre deux coups: Il dit vne fausseté, & donne le change. Sa fausseté appert en ce que tous les Anciens ayans esté par moy repris en leurs methodes de prendre la distance de la Lune aux Estoilles pour la longitude des lieux: Hume n'a peû ny soustenir leur erreur contre moy, ny destruire les raisons par lesquelles ie les reprends, par où se void qu'Hume disant que, *Ie ne suis pas capable d'en iuger, ains faudrait le sçauoir d'Ozias Feronce Iardinier, beaucoup meilleur obseruateur que moy*, il ne dit qu'vne pure impertinence, cecy estant vn point de theorie, en quoy Maistre Ozias me cedera: & non vn point de pratique ou obseruation, en quoy

ie cederay à Maiſtre Ozias Feroncé; qui tout Iardinier qu'il eſt, feroit dix ans leçon à Hume tant de la
theorie que de la pratique d'Aſtronomie. Ioint
que ma reprehenſion eſt approuuée par les celebres
Aſtronomes qui m'ont fait l'honneur de m'eſcrire.
Le change qu'il donne, appert en ce que pour l'inuention de la Longitude il n'eſt pas queſtion d'a-
uoir la diſtance de la Lune à vne Eſtoille, puis qu'on
la peut mieux trouuer ſans telle diſtance qu'auec
icelle, comme j'ay enſeigné au Probl. 6. pag. 72. Mais
eſt ſeulemét queſtion d'auoir le vray lieu de la Lune
& l'heure au lieu de l'obſeruation, ainſi qu'Hume
a meſmes dit cy deſſus : & cecy eſt le principal point
de toute l'affaire, incogneu à tous les Aſtronomes
deuant moy, comme j'auois mis en ſuite : & leſquelles paroles Hume a malicieuſement ſuppri-
mées, voyant que ſelon l'approbation de ceux qui
m'ont fait l'honneur de m'eſcrire, & ſelon la verité
meſmes aſſez euidente dans tous les liures d'Aſtronomie, j'auois en ce point principal ſurpaſſé tous
les Anciens, & fait ce qu'aucun d'eux n'auoit peû
faire.

Donc apres ce que deſſus, ie demande à tous
ceux qui entendent tant ſoit peu l'Aſtronomie, ſ'ils
n'auoüeront pas franchement que dans les Petites
Maiſons il y a cinquante fols plus ſages que n'eſt pas
Hume, de ſ'eſtre vanté chez Monſeigneur l'Emi-
nentiſſime Cardinal Duc, chez Monſieur de Bautru, & par tout, voire d'auoir fait imprimer, & encor nouuellement en ſon beau Traitté de la Sphere,
page 91. qu'il auoit mieux ſceu mon ſecret que moy,
qu'il l'auoit fait preſenter à ſon E. vn mois auant
mon Action ; & qu'en mon Action de l'Arſenal ie

n'auois dit autre chose que ce qu'il auoit fait pre-
senter à son E. vn mois auparauant. Voila vne
estrange maladie d'esprit : & pour la guerison de
laquelle, Hume auroit besoin d'aller faire vne diet-
te de sept ans aux Petites Maisons, pendant lequel
temps il ne beust que de la decoction d'ellebore.

Hume ne sçachant plus de quel costé se tourner,
& pensant me bien mespriser, met ces mots pag. 94.
Vn homme de condition me dit qu'il s'estonnoit fort de
Morin, qui dans ses Liures parle comme s'il estoit le plus
grand obseruateur du monde : & pourtant estant allé
chez luy, il trouua qu'il n'auoit ny instrument ny demy,
& qu'il ne faisoit iamais d'obseruation. Or c'est icy
qu'Hume dit quasi vray. Car il est certain que ie
n'ay qu'vn Astrolabe, & mon Planisphere ; l'excellence de l'inuention duquel ne cede en rien à aucun
des Instrumens que Tycho nous a laissez ; au iugement de tous ceux qui l'ont veu ; & si ie l'ay in-
uenté estant seulement escholier en Medecine l'année 1610. Et pour des obseruations ie n'en fay que
bien rarement, & des plus grossieres, comme prendre l'heure d'vne eclipse, ou d'vne natiuité, ayant
d'autres desseins où j'applique mon Esprit. Mais
u'est en quoy Hume releue dauantage ma gloire : de
ce que n'estant homme d'instrumens, ny d'obseruation, ie donne neantmoins de si excellentes Tabla-
tures à la posterité pour obseruer plus exactement
que n'a fait aucun de nos deuanciers, comme afferme Monsieur de Valois tres-expert obseruateur, en
sa Lettre, page 178. de ma sixiesme Partie, dont voicy les mots François : *Car il est veritable que nul de*
nos deuanciers (que ie sçache) a tant apporté de circon-
spection, & des precautions en leurs obseruations & en

leurs moyens de remarquer la Lune que vous. Que dira-
il donc quand il verra mon ARCANVM TOTIVS
ASTRONOMIÆ MAXIMVM pour trouuer le
vray lieu d'vne Estoille fixe, dont Hume & ses Camarades taschent de raualer le prix? Mais que di-
roit-il s'il voyoit mes subtiles inuentions dans la
Science que ie promets pour trouuer au vray les
Paralaxes, & particulierement celle du Soleil, sans
rien supposer, ny sans petition de principe, comme
ont fait tous mes predecesseurs?

Passons outre, & suiuons Hume de prez, de peur
qu'il ne fáce icy quelque coup de desespoir, iouant
mesmes à perdre toutes ses belles inuentions pour
perdre les miennes. Donc en la page 73. il m'objecte
toutes les difficultez des Tables & des obseruation-
tions, lesquelles (dit-il) tant s'en faut que les Astronomes qui m'ont fait l'honneur de m'escrire, iu-
gent susceptibles d'aucun remede, *Qu'au contraire
la plus grande partie luy nient tout cecy: & Longomontanus luy dit*, Poteris quidem satisfecisse Astro-
nomis, sed non Nautis: *Ce qu'il n'a point fait imprimer dans son Liure, parce que cela faisoit contre luy,
mais ie le sçay par vn honneste homme à qui il a monstré
la lettre de Longomontanus.* A quoy ie responds que si
Hume n'auoit tousiours vne menterie au bout de la
langue ou de la plume, il ne trouueroit iamais son
compte, ny ne pourroit seduire personne contre
moy. Dans la lettre du sieur Longomontanus il y a
ces mesmes mots que l'esprit malin d'Hume n'a
voulu exposer, parce qu'ils faisoient directement
contre luy: *vt non solùm aduersariis tuis, sed omnibus
in orbe Mathematicis hic satisfactum putem.* Mais les
paroles qu'Hume a cy dessus faussement auancées,

ne s'y trouueront en aucune façon, ny autres qui ayent ce sens là, & la menterie est bien aisée à verifier par la lettre de Longomontanus, laquelle ic suis prest d'exhiber. De plus, Hume s'est bien empesché de rapporter les solutions que j'ay données à toutes les difficultez cy dessus, ausquelles il ne peut repliquer : mais me les objecte tousiours comme si ie n'y auois point satisfait. Finalement par les mesmes objections ces Tables d'Hume qu'il estime tant, donnent du nez en terre : Car comment est-ce que luy-mesme trouuera les vrays & precis lieux des Estoilles, les Paralaxes de la Lune, & son centre, dont il a necessairement affaire pour dresser ses Tables, s'il ne les prend de moy ?

C'est pourquoy se voyant si pressé, voila que le pauure malheureux pour se depestrer tout à fait de mes ratiocinations, il franchit le sault, & se precipite luy-mesme en la page 66. où rapportant l'approbation du sieur Gassendus, *Que personne n'auoit encor enseigné la Science des Longitudes auec tant de precision que moy, & ne croit pas qu'on y puisse rien adiouster dauantage;* voicy la raison qu'Hume apporte, & dit estre du sieur Gassend. *Et sa raison est qu'il estime estre impossible de trouuer les Longitudes par le Ciel.* Or Hume est encor icy vn asseuré menteur ; & ie suis prest à faire voir la lettre, en laquelle si cette raison ny cette opinion du sieur Gassend se trouue, ie quitte la partie : Donc cette raison n'est d'autre que d'Hume mesmes qui l'approuue, ruinant par là (estourdy qu'il est comme vn haneton) ses belles Tables qui ne seruiront plus de rien, quoy qu'elles soient dressées auec ce grand bastiment de 60 pieds en quarré, qui est chose tout à fait ridicule apres

l'inuention de mon Octans de 10. pieds, sur lequel
on peut obseruer exactement iusques à deux secondes, qui sont la trentiesme partie d'vne minute,
comme j'ay fait voir seulement sur vn Quadrant
d'vn pied & demy à Monsieur de Gastines, beau-
frere de Monsieur de Bautru personnage fort versé
aux Mathematiques, & particulierement en l'Astronomie, qui en a esté si satisfait, qu'il en rendra par
tout vn tres-bon tesmoignage.

Or il faut que reprenant vn peu mon haleine, ie
prie icy le lecteur de bien prendre garde, qu'encor
que j'aye affaire à l'Esprit le plus broüillon & le
plus confus du monde, dans l'Inuectiue duquel à
peine y a-il aucune ligne sans absurdité, menterie,
imposture, omission ou peruersion, tant des textes
de ceux qui m'ont fait l'honneur de m'escrire, que
de mon texte, voire du sien propre, ainsi que j'ay
prouué : Neantmoins voila le tout si nettement dé-
broüillé, qu'il n'y a homme de bon sens qui ne voye
clair en cette matiere : & qu'il faut qu'Hume aduoüe
d'auoir affaire à trop forte partie pour luy en matiere de controuerses, & deuant lequel ses faussetez
ne sçauroient subsister. Qu'il s'estonne tant qu'il
voudra page 89. de ce qu'aux responses que ie luy
ay faites, ie mette, *Humij imperitia, inscitia, insa-
nia, impudentia, &c.* Ie n'ay iamais eu intention de
luy faire tort en cela, n'ayant rien dit que ie n'aye
au mesme temps fait voir au doigt & à l'œil, comme
ie fay encor en cette Response. Ie suis seulement sur
ma defensiue contre luy, qui estant ce qu'il est, de-
uroit rougir de honte, s'il en estoit capable, pour
s'estre si mal à propos attaqué à moy de gayeté de
cœur, estant ce que ie suis ; & encor auec vne si opi-

niaſtre malice. Paſſons à la troiſieſme Partie de ma Reſponſe.

HVME ſe desfiant bien que tout ce qu'il a dit cy deuant ne ſeroit propre qu'à braire contre moy, & non à me terraſſer ou donner la fuite, comme par le ſeul brayement la donnerent autresfois aux Geans les deux Aſnes, Auſtral & Boreal, ſous Bachus & Silenus. Il a bien oſé auec ceux qu'il a dit auoir corrigé ſon plaidoyé (quels qu'ils ſoient) paſſer à vne impudence & malice plus perilleuſe pour moy que tout ce que deſſus; croyant que la delicateſſe du temps fauoriſeroit ſon entrepriſe: A ſçauoir me charger d'impoſtures & de calomnies pour me mettre mal en l'Eſprit de ſon E. à deſſein de me perdre.

Donc en la page 70. apres auoir vomy contre moy coup ſur coup les iniures de fourbe, fol, aueuglé, ſans iugement: & dit que mes Inuentions n'eſtoient que des fadaiſes. Il dit, *Nonobſtant tout cela Morin eſt ſi hardy que de s'attaquer à ſon E. & l'accuſer d'iniuſtice, & ſes principaux Officiers, meſmes Monſieur de Bautru, qui a tant fait pour luy: & que s'il l'euſt aucunement merité, il n'euſt iamais manqué de ſoliciter pour luy iuſques à ce qu'il euſt eſté recompenſé.* Et veut prouuer ſa calomnie par ces paroles que j'ay dites en ma ſixieſme Partie, pag. 107. *An verò interrogatus fuerit Humius dum perfricta fronte ſua manuſcripta obtulit, vt dixi pag. 9. etiam priuſquam illum nouiſſem, certé neſcio: fidem autem nimiam etiam ante actionem meam verbis huiuſmodi hominis habitam iniuſtè expertus ſum.*

Or en premier lieu ſi en l'vne ou l'autre de ces

deux pages il se trouue que j'aye nommé ny enten-
du son E. ny Monsieur de Bautru pour ceux qui ont
trop adjousté de foy aux paroles d'Hume, ie veux
estre puny autant rigoureusement que selon les
loix Hume le merite en qualité d'Imposteur & Calomniateur. Secondement, (& voicy qui preuue
encor bien euidemment la calomnie) Humé n'ose-
roit dire que son E. ayt pris aduis de luy sur mon
affaire ; Ce n'est donc pas son E. qui a trop creu aux
paroles d'Hume. Et pour Monsieur de Bautru voicy mes paroles qui démentent Hume tout net en la
susdite page 9. *At ego miror quod prædicta suam E.
à me audiendo non auocarint , idque forsan accidisset
nisi generosissimus D. de Bautru vir ingenij perspica-
cissimi, mihi plusquam Humio ipsi credidisset, suamque
E. pro me solicitè deprecatus fuisset vt mihi diem dice-
ret.* Ie vous demande si apres cela le Prouerbe n'est
pas vray, Que les hommes du poil d'Hume ou sont
tout à fait bons, ou ne valent rien tout à fait. Les paroles donc qu'Hume m'objecte cy-dessus ne se
peuuent entendre que d'autres personnes tierces.

Ie me suis loüé, & ne cesseray de me loüer de la
faueur de Monsieur de Bautru , digne en verité
d'estre honoré de tous les hommes de rare sçauoir,
comme le Mæcene de la Cour. Et si le bonheur
m'arriue que par sa solicitation j'obtienne quelque
recompense, il ne m'obligera pas seulement, mais
encor toute la posterité qui le sçaura, à honorer sa
memoire, tant pour l'acte de vertu & generosité
qu'il pratriquera en cette occasion signalée, que
pour estre cause mediatrice qu'en suite de ma recompense ie donneray à la posterité les secrets que
ie me suis reserué, dont elle pourroit regretter la

perte à perpetuité. Chacun sçait l'honneur que s'eſt acquis pour iamais Alphonſe Quintauiglio pour auoir eſté l'vnique en la Cour d'Eſpagne, qui entreprit la ſolicitation de l'affaire du pauure Colomb reduit au deſeſpoir, & enfin l'auoir fait reuſſir.

Or Hume & ſes Compagnons paſſent plus outre, & ont bien l'aſſeurance de commenter ſelon le ſens de leur malice, l'Epiſtre liminaire de ma ſixieſme Partie dediée à ſon E. de laquelle Hume ayant rapporté vne partie, voicy ce qu'il dit page 72. *Vn homme de condition en liſant cecy me dit, que ie luy deuois reſpondre que ce n'eſtoit pas là* Humi impudentia, *ains l'impudence de Morin, & inſolence tout enſemble de parler à ſon E. de la façon, & de le ſommer de ſa promeſſe; & comme luy faire vn exploict, & l'accuſer d'iniuſtice, s'il ne luy baille la recompenſe qu'il s'imagine auoir meritée.*

Mais en premier lieu j'ay deſia dit cy deſſus que ie ne croy pas que cette ſommation ny cét exploict imaginaire ſoit du ſtile d'Hume, mais de ceux qu'il dit auoir corrigé ſon plaidoyé, deſquels comme ie deſaduouë le ſens qu'ils donnent à mon Epiſtre: auſſi ne fay-je point de doute que ſon E. ne deſaduouë leur formalité.

Secondement, j'aduouë que des perſonnes de qualité & ſinguliere prudence ont trouué mon Epiſtre auoir vne pointe de perſuaſion aſſez hardie; neantmoins tous ſont demeurez d'accord qu'elle eſtoit tellement dans le reſpect & la iuſtice, & ſortable à l'eſtat controuerſé de mon affaire, qu'ils ne croyoient pas que ſon Eminence ſ'en offençaſt. Mais leur en ayant dit mes raiſons, par leſquelles il eſtoit meſme neceſſaire pour l'honneur de ſon E.

que l'Epiſtre fuſt de ce ton: Ils ont loüé mon iugement, & approuué mon deſſein. Voicy donc mes
raiſons.

Ie n'ay pas ſeulement affaire à Hume & à mes
Commiſſaires, mais encor à tous ceux qui n'eſtans
ſuffiſamment verſez en l'Aſtronomie, ſont ſeduits
par eux, & eſpouſent leur party ; ſans parler de
ceux qui meuz de ſeule enuie me perſecutent par
deſſous main. Or mes Ennemis n'apprehendans
rien ſi fort que ma recompenſe, laquelle dans Paris
plus qu'en nulle part du monde leur ſeroit à grande
confuſion, ſelon leurs propres paroles, page 72.
Qu'il ne faudroit point d'autre raiſon pour prouuer que
Morin n'a rien fait qui vaille, ſinon qu'il n'a point eu de
recompenſe. Ils employent tous leurs efforts & arti-
fices tant par eux-meſmes que par ceux qu'ils peuuent gagner aupres de ſon E. pour deſcrier vers
luy mon Inuention : & y ont iuſques icy veillé auec
tel ſoin & efficace, que ie ſuis fort bien informé
(non ſans eſtonnement) que ſon E. nonobſtant ma
ſixieſme Partie, dit encor à preſent qu'elle ne voit
perſonne qui luy diſe du bien de mon affaire. En
quoy certes paroiſſent tres-recommandables le iugement, la prudence & l'equité de ſon E. d'auoir
neantmoins touſiours tenu ferme contre le choc
frequent de mes Aduerſaires, & ne ſ'eſtre laiſſé emporter à leurs continuelles mais fauſſes perſuaſions.
Voyant donc que mes Ennemis ne tendoient qu'à
ſurprendre l'Eſprit de ſon E. & le deſtourner de me
traitter ſelon ſa promeſſe & ſa iuſtice en vn affaire ſi
diuulgué, dont il ſe parlera à perpetuité; & que ce
faiſant ils hazardoient l'honneur de ſon E. Ay-je
deub m'endormir là deſſus, ou faire choix de plus-

toſt ſuccomber, que de m'hazarder à parer ce coup,
encor plus important à la gloire de ſon E. qu'à ma
fortune? Mais me trouuant iuſques icy l'vnique ſo-
liciteur de mon affaire, & fort craintif d'importu-
ner ſon E. vers laquelle ie n'ay pas meſmes la facil-
té de l'accez, qui me ſeroit neceſſaire pour le mieux
informer, & rompre les mauuais deſſeins de mes
Ennemis: quelle autre meilleure, plus courte, &
plus efficace voye me reſtoit il que celle d'vne Epiſtre vn peu vigoureuſe pour r'appeller l'Eſprit de
ſon E. ſur vne plus attentiue conſideration de ma
cauſe, voire de la ſienne propre? Eſt-ce pas luy rendre meilleur ſeruice que ne font mes Ennemis par
leur cenſure, laquelle malgré eux ne ſeruira qu'à
dauantage publier la iuſtice de ma cauſe? Auſſi tant
s'en faut qne j'en aye appris aucune plainte de ſon
Eminence par qui que ce ſoit de ceux de ſa Maiſon:
qu'au contraire Monſeigneur le Reuerendiſſime
Eueſque de Chartres, l'vn des Prelats de France le
plus releué en ſçauoir & en vertu, qui eſt preſque
touſiours aupres de ſon E. m'a fait l'honneur de me
dire de ſon propre mouuement, qu'il auoit leu mon
Epiſtre d'vn bout à l'autre dans la chambre de ſon
E. & qu'elle eſtoit bien: Ce qu'il ne m'euſt pas dit,
ſi elle euſt tant ſoit peu offenſé ſon E. dont l'honneur luy eſt auſſi cher que le ſien propre. Et en effet
qu'on liſe tout ce que j'ay fait iuſques icy en mes
Eſcrits des Longitudes, & on verra que particulierement j'ay eu le deſſein de porter cet affaire le plus
qu'il me ſeroit poſſible à la gloire immortelle de
ſon E. & ſur tout en mes Epiſtres.

Mais mes Ennemis voyans ma ſixieſme Partie
remplie d'vn fonds d'excellentes Inuentions, & de

science non iamais esperée, & en teste vne Epistre
remplie de viues persuasions à son E. de prendre
bien garde à cet affaire, & ne rejetter ma cause comme il estoit solicité. Ne pouuans plus se contenir,
ains ioüans à la desesperade, ils ont encor forgé
cette derniere piece pour en essayer l'effect. Mais
ie ne doute point que son E. ne iuge bien clairement sur la mesme piece, qu'Hume & ses Compagnons sont gens reduits aux derniers abbois; qui
de rage ne vomissent contre moy qu'injures, brocards, menteries, calomnies & impostures cy dessus bien auerées, sans toutesfois pouuoir destruire
aucun poinct de ma Science, ny de mes Inuentions.
Or c'est dequoy ie me ris, & n'ay pas peu de plaisir
de les voir tirer à la fin.

La fausse explication de mon Epistre cy dessus ne
suffisoit pas à Hume & à ses Compagnons, pour me
mettre mal en l'esprit de son E. il falloit encor adjouster ces mots parlant de moy pag. 72. *Pource qu'il*
dit que son E. est obligée de luy bailler sa recompense de
cent mil francs. l'estois bien estonné s'il y auroit
sommation & exploict sans qu'il y eust obligation:
Et faut que j'aduoüe que lors que j'appris cette imposture à Chatronne, où Monsieur de Ciroys me
la leut en presence de plusieurs personnes d'honneur, Officiers de son E. dans le cahier qu'Hume
luy estoit allé vistement porter, sans attendre la fin
de l'impression de son Traitté de la Sphere; elle
m'estourdit de prim' abord, voyant à quel peril
chacun est exposé par la liberté que l'on se donne
impunément d'imposer & calomnier: Et il seroit
grandement à souhaiter en ce temps, que telles gens
fussent traittez comme au temps de l'Empereur

Trajan, ainſi qu'il eſt rapporté dans le Panegyrique de Pline. Mais reuenant à moy, ie trouue (graces à DIEV) qu'il m'eſt bien ayſé maintenant de me purger de cette impoſture deuant vn Iugement ſi clair-voyant que celuy de ſon E. Car puis que juſques icy j'ay fait voir tres-euidemment en 4. ou 5. endroits qu'Hume eſt vn effronté menteur, & qu'il n'eſt en ſon poſſible de ſe purger de ce tiltre: quel doute peut faire ſon E. que ce qu'il m'impoſe cy deſſus des cent mil francs de recompenſe, ne ſoit auſſi vne pure menterie? De plus, ſi Hume peut produire vn ſeul homme d'honneur, de croyance, & non ſuſpect; ſoit de ceux auec qui ie conuerſe, ſoit d'autres, qui ſouſtienne que j'aye dit les paroles cy deſſus, ie me condamne moy-meſme à porter la peine qu'Hume meriteroit en qualité de Calomniateur. Dauantage, ayant pris tant de peine & de ſoin (comme ie dis alors à Monſieur de Citoys) à mettre mon affaire au meilleur eſtat que ie la pouuois ſouhaiter pour ce qui eſt de mon chef; ſerois-je bien ſi fol que de la vouloir perdre, par des fauſſetez qui heurtent ſon E. de la ſorte? Cela eſt hors de toute apparence de raiſon. Et comme il eſt tres-vray que ſon E. ne m'a iamais rien promis d'arreſté ou ſpecifié: Auſſi ne m'a-t'on iamais ouy dire autre choſe, ſinon que ſon E. m'auoit promis par ſes Lettres patentes qui ſe voyent dans mon Liure: qu'au cas que j'accompliſſe le contenu de ma propoſition des Longitudes, elle procureroit ma recompenſe vers le Roy, ou en ordonneroit ce que de raiſon ſoubs l'authorité de ſa Majeſté. Ie n'ay mis aucun prix à mon ſçauoir ny à mes labeurs, ayant affaire à ſon E. dont la generoſité & liberalité ſont au deſſus de

meſ

mes esperances; ains me suis entieremét remis à son
bon plaisir pour la qualité & quantité de ma recompense. Ce que dessus est donc vne pure imposture.

Mais qui n'admirera la hardiesse & generosité
d'Hume, page 73. de s'oser offrir à son E. pour Res-
pondant enuers moy d'icelle somme de cent mil
francs, en ces termes : *I'ose dire vne chose, & croy que
son E. ne s'en offensera pas contre moy pour cette hardiesse : que si Morin fait en sorte que tous les habiles
gens de l'Europe confessent par leurs lettres, ou leurs liures publiez par eux mesmes, que son Inuention est telle,
qu'elle puisse seruir sur Mer & sur Terre : & qu'il y a
vne possibilité de corriger les Tables, & faire des obseruations auec la precision que nous auons dit cy dessus :
I'ose dire que son E. luy donnera encor les cent mil francs
de recompense qu'il demande.* Ce n'est pas vne petite
obligation que luy a son E. laquelle estoit fort en
peine de trouuer pour mon contentement vne cau-
tion de cette nature. Et ce bon office ne seruira pas
peu à Hume pour entrer en la Maison de son E. y
auoir du credit, & y faire en bref vne grande fortune. Mais moy, puis qu'il suffit de deux ou trois
tesmoins pour asseurer d'vne chose : Ie vay presen-
tement donner à Hume ma promesse d'vn million
d'or, si dans la grande ville de Paris, voire dans
l'Europe, l'Asie, l'Afrique & l'Amerique, il peut
seulement faire en sorte, que deux personnes qui le
cognoissent bien, confessent qu'il est sage. Et quant
à mon affaire des Longitudes, qu'il luy est eschappé
d'appeller, MON INVENTION (*Mendacem decet esse
memorem*) I'ay dans ma sixiesme Partie des Approbations de reste, & n'en manqueray pas de plus signa-
lées & authentiques encor, par ceux qui verront

icelle sixiesme Partie, sans qu'il soit necessaire que j'escriue à toutes les Villes, Bourgades, Chasteaux, Abbayes & Cóuents de l'Europe, pour auoir l'Attestation de toutes les habiles gens de l'Europe.

Hume toutefois & ses Compagnons ne laissans de voir à trauers la taye espesse de leur enuie, que le merite de mon Inuention, & l'equité de son E. sont les deux anchres asseurez de l'esperance que j'ay de ma recompense. Ils font leurs derniers efforts pour au moins supprimer ce mot de recompense, dont ils apprehendent la confusion ; & pallier ou alterer la cause du bienfait par ces termes, page 75. *Si son E. luy donnoit dix mil liures de rente pour d'autres raisons, ce seroit sa liberalité : Mais de bailler des reöpenses pour choses friuoles, comme est L'INVENTION de Morin, cela ne s'accorderoit ny auec l'Esprit, ny le iugement de son E. qui baille à chacun selon son merite, & sçait fort bien par quelle mesure il les faus-mesurer.* A quoy ie responds qu'Hume est grandement impertinent de vouloir prescrire à son E. la nature & la quantité de ma recompense, luy donner conseil là dessus, & comme s'entremettre de composer entre son E. & moy. Quelque recompense que ie reçoiue de son E. elle me sera tres-agreable, puis que ie m'en suis entierement remis à son bon plaisir. Et quoy que son E. puisse aussi bien faire paroistre sa liberalité en ce sujet signalé, comme elle l'a fait esclatter en de moindres ; si est-ce qu'en me recompensant, elle ne sera iamais moins loüée, pour l'acte de sa Iustice, que pour celuy de sa Liberalité.

Ivsqves icy j'ay fait voir à descouuert qu'Hume & ses Coadiuteurs au lieu de refuter ma Doctrine, & les Approbations d'icelle, n'ont escrit contre

moy qu'injures, brocards, menteries, peruersions
de textes, impostures & calomnies. Mais ce n'est
pas tout, voicy bien encor d'autres nouuelles, &
vne autre finesse. Il court par cette ville vn certain
Manuscrit intitulé, AVX DOCTES ET COVR-
TOIS MATHEMATICIENS QVI DAIGNE-
RONT LIRE NOS DIRES: & qui commence
ainsi. *Le desir que nous auons de seruir au public, si la
Nature & la Fortune nous le permet, nous fait addresser ces lignes à des sçauans Cosmographes, pour sçauoir
si certaines Inuētions qu'vne laborieuse meditation nous
a descouuertes, sont en vsage; auec intētion de les publier
si elles sont encor incognues parmy les Vniuersitez, &c.*
Par lequel (pour couper court) l'Autheur du Manuscrit se vāte d'vne Methode de trouuer le degré de la-
*titude & longitude d'vn lieu, par Mer & par Terre, prō-
ptement & quasi soudainement; de nuiēt & de iour à
toutes heures; apres, auant, & sur Midy; comme auant,
apres, & sur minuiēt; sans traisner aucune longueur que
celle que la supputation logarithmique requiert, à sçauoir l'espace de cinq ou six minutes d'heures pour accom-
plir cette operation, &c.*
   Or ce Manuscrit me fut apporté par vn de mes
Amis, homme de qualité & de sçauoir, sur le poinct
que j'acheuois la Respōse cy dessus : Et ayant appris
de luy que cet Escrit venoit de la maison d'vn des
principaux Officiers de la Couronne, j'y fus le len-
demain pour sçauoir si cela estoit, & qui en pouuoit
estre l'Autheur : Et appris qu'en effect l'Escrit auoit
esté donné en icelle maison pour estre veu ; mais on
ne me sceut dire qui en estoit l'Autheur. Ce qui me
fit croire que c'estoit ou vne nouuelle fourberie de
mes Ennemis, qui ne sçauent plus de quel bois faire

fleche qui puisse m'endommager; ou quelque Escrit d'vn homme ignorant, qui autrefois s'en est voulu faire à croire, & duquel on produit encor le memoire. Et cela est fort aisé à iuger; tãt parce que l'Ecrit apres vne proposition si specieuse & cõforme à la mienne, resmoigne beaucoup d'ignorance de son Autheur; que parce que l'Autheur ne paroist point.

Mais pour desabuser le monde parfois trop facile & parfois trop difficile à croire ce qu'il n'entéd pas, tãt sur cet Escrit que sur tous autres de mesme estoffe qu'on pourroit exposer, à dessein ou de me trauerser, ou de tromper quelqu'vn; ie dis hardiment.

Que si le secret de cet Autheur supposé est par quelque machine à mesurer le téps du voyage, ou le chemin du vaisseau, il ne vaut du tout rien, comme est prouué és pages 2. & 92. de mon liure des Lõgitudes.

S'il est par l'aymãt, il ne peut estre vniuersel ny certain, comme j'ay prouué en ma 6. Partie, pag. 183.

S'il est par quelqu'autre corps de la nature qui face mieux que l'aymant, que l'Autheur se produise, & face voir l'espreuue, puis qu'en tel cas n'est requis que l'espreuue.

S'il est par le Ciel, ie le défie d'en venir à bout que par la Lune, prise auec le Soleil de iour, & auec les Estoilles fixes de nuict. Ny d'en auoir des methodes plus vniuerselles, infaillibles & faciles que les miennes ia dés long-temps diuulguées, & qu'il a peû voir. Et si neantmoins ne s'en pourroit-il seruir sans des Tables iustes, lesquelles il n'a pas, ny peut auoir sans les Sciences des Paralaxes, de l'Equation du temps, & autres secrets que ie me suis reserué.

Que ce Manuscrit donc ne trouble point mes Amis, ne resiouysse point mes Ennemis, & ne seduise

point les autres. Mais particulierement les grands
qui fourrent dans les choses qu'ils n'entendent pas,
font fort fujets à mefprifer la fimplicié des gens de
merite & de vertu, qui leur font de tres-bonnes
propofitions : puis fe laiffer tromper à des fourbes
dont l'effronterie a plus libre entrée par tout, &
trouue plus de fupport.

FINISSANT donc cette mienne Refponfe à
la nouuelle Inuectiue d'Hume, ie fupplie tres-humblement fon E. que puis que mes Ennemis ne peuuent cy apres faire autre chofe que reïterer ce qu'ils
ont fait iufques icy : A fçauoir m'oppofer toufiours
mefmes objections ou difficultez, fans expofer &
deftruire mes folutions, peruertir impudemmét les
textes de mes Approbateurs (dont cependát ils con-
firment les Approbations, puis qu'ils les rapportent
fans ofer les refuter) enfemble mes textes & les leurs
propres ; entrelarder leurs difcours de pures menteries, & les couronner de calomnies, impoftures, &
fourberies : Il plaife à fon E. par cette mienne Refponfe, iuger equitablement de tout ce qu'ils pour-
roient encor entreprendre cy apres

Car que la vraye & parfaite fcience des Lógitudes
foit de mon inuention, cela fe iuftifie non feulement
par les Approbatiós de Meffieurs le Prieur de la Valette, Gaffend, de Valois, & Hortenfius ; mais encor
bien nettement par l'Inuectiue d'Hume, où tant à
luy qu'à fes Compagnons il efchappe à tout coup de
l'appeller mon Inuention. Et pour prattiquer cette
fcience tant fur Terre que fur Mer, il ne refte plus
qu'à reformer les Tables du Soleil, de la Lune, &
des principales Eftoilles fixes felon mes nouuelles

methodes : Laquelle reformation peut en 3. ou 4.
ans estre renduë propre à la pratique des Lõgitudes;
bien que cecy soit nié par Hume qui en ignore les
moyens. Et ne cousteroit qu'enuiron dix mil escus
par chacun an, pour le logemét aux champs, attirail,
instrumens, gages, & entretenement despersonnes
capables qu'il y faudra employer nuict & iour : qui
est fort peu de chose au prix de ce qu'ont cy deuant
cousté les Tables grandement erronées.

Pour moy ie n'enuie point l'honneur de cette reformation à qui que ce soit, François ou Estranger,
& ne le rechercheray iamais, de peur que mes Ennemis ne disent encor que ie cherche vn pretexte
signalé pour mänier de l'argent. Ie n'ay ny femme,
ny enfant, ny debte, ny procez, ny enuie, ny ambi-
tion que de passer paisiblement ce peu de vie qui me
reste dans vn cabinet ; sans estre interrompu pour
quelque cause mondaine que ce soit, des occupatiõs
où mõ Esprit se delecte ; Et suis prest à dóner ce qui
reste de necessaire pour trauailler à icelle reformation moyennant ma recompense. Estant bien asseuré, que iamais les Tables ne se reformeront par qui
que ce soit, que sur mes methodes, & auec vne memoire de mon Nom, bien contraire aux Escrits de
mes Ennemis. Si neantmoins apres la recompense
que j'ay meritée, il m'arriuoit vn commandement
absolu d'entreprendre vn si grand trauail de corps
& d'esprit qu'icelle reformation : Alors renonçant
à mon particulier contentemét pour le bien public ;
on me trouuera tousiours prest à faire paroistre autant de courage en telle entreprise, & de vigilance
& bonne conduite en l'execution ; comme iusques
icy j'ay fait voir de subtilité dans l'inuention.

& empescher de luy respondre, fait encor cette rodomontade page 99. *Ie suis bien asseuré que Marin ne
manquera pas de faire vne replique, & de continuer ses
inuectiues accoustumées : Mais il a beau faire, il ne sera
iamais le dernier, ny sans response; i'auray tousiours plus
d'auantage & de commodité que luy, faisant imprimer
plus en six mois qu'il ne fera en vingt années, ou bien il
changera sa plume en vne espée.* Bon Dieu qu'est-cecy?
ne diroit-on pas qu'Hume est l'original de ce Capitaine Fracasse, dont la copie a tant fait rire le monde
par les ruës de Paris? Or ie le veux bien tróper : car
puis qu'il veut inuectiuer iusqu'à l'infiny pour auoir
le dernier (à quoy il peut s'estre habitué auec les
Harangeres des Halles;) & que j'ay monstré cy-deuant que dans tout son progrez à l'infiny il ne peut
faire autre chose que ce qu'il a fait iusqu' icy : A sçauoir m'objecter tousiours mesmes difficultez, sans
destruire mes solutions, falsifier les textes de mes
Approbateurs, les miens, & les siens propres, exposer des impertinences pour des raisons, & des asne-
ries pour des excellentes Inuentions, mentir impu-
demment coup sur coup, & me charger de calomnies & d'impostures. Ie luy declare que ie ne vay pas
si loing n'en ayant pas besoing, & que voicy la derniere Respôse qu'il aura de moy, dans laquelle tout
ce qu'il sçauroit faire imprimer contre moy pendât
toute sa vie, se trouuera suffisamment refuté. Il dit
qu'il me laisse sur le pré : Et moy ie le laisse sur le pa-
pier y respâdre tant de sang de noix de galles (comme il parle pag. 99.) qu'il s'y baignardit à son aise,
& en hume tout son saoul.

Magna est veritas & praeualet. Esdra lib.3.cap.4.

Quant à mes Commissaires, ie ne voy pas qu'ils se puissent lauer du soupçon d'estre ceux-là mesmes qui ont en partie trauaillé à l'inuectiue d'Hume : tât par les raisons que j'ay cottées cy deuant és pages 13. & 14. que parce que dans le texte d'icelle Inuectiue cy dessus rapporté pag. 23. il y a ces mots qui trahissent & descouurent mes Commissaires. *s'il croit que sa science & INVENTION est aucunement à estimer, ou digne d'aucune recompense, n'estant de nulle vtilité dâns la conuersation des hommes, sinon pour contenter la curiosité d'vn esprit particulier.* Ausquelles paroles voicy les semblables côtenuës en la page 6. du chetif Escrit de mesdits Commissaires, qui seruit d'escorte à leur seconde Sentence. *Nous dismes que les demonstrations que le sieur Morin venoit de faire, estoient plustost vn tra-uail d'vne particuliere curiosité, qu'vn establissement de quelque chose d'vtile & profitable au public.* Qui est l'homme si peu sensé qui ne void que les vnes & les autres sont sorties d'vn mesme Esprit, voire que ce texte est bien different du stile d'Hume ? Partant quelle plus grande approbation de mon Inuention peut souhaiter son E. que celle-cy : A sçauoir, que quelque viue attaque que j'aye iusques icy liuré à mes Commissaires, ils n'osent respondre que masquez ? Et encor que disent ils sous Hume qui leur sert de masque ? I'ay honte de le repeter tant de fois, & ne me peux tenir parmy mes Amys de plaindre leur malheur, de s'estre ainsi laissez emporter à l'en-uie, & à vne fausse opinion que j'estois quelque homme de paille, qui les apprehendant & respe-ctant plus que de raison, n'oserois leur faire teste, & repousser l'injure qu'ils me feroient & à la Verité.

Mais finissons par Hume, qui pour m'effaroucher,